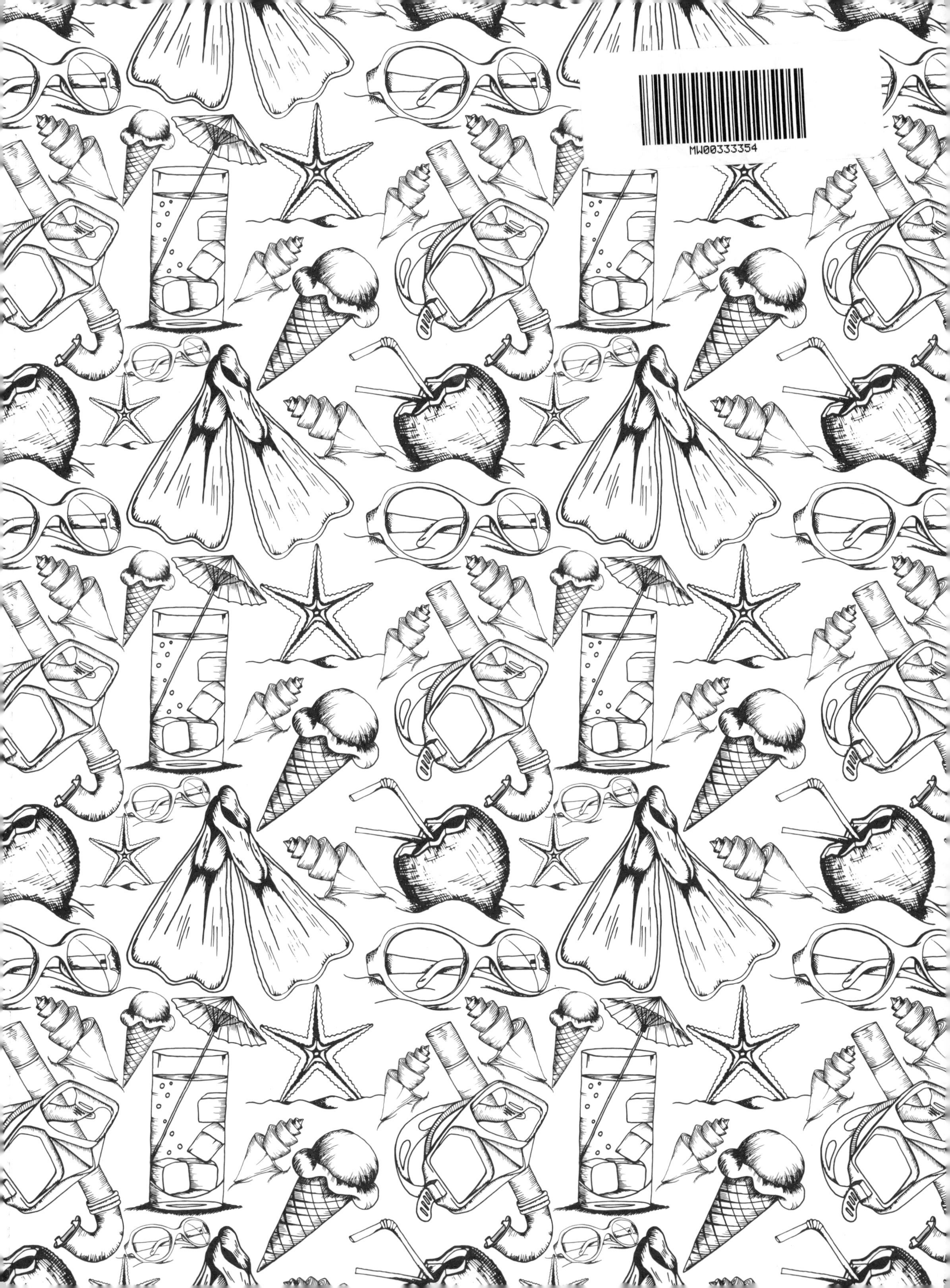

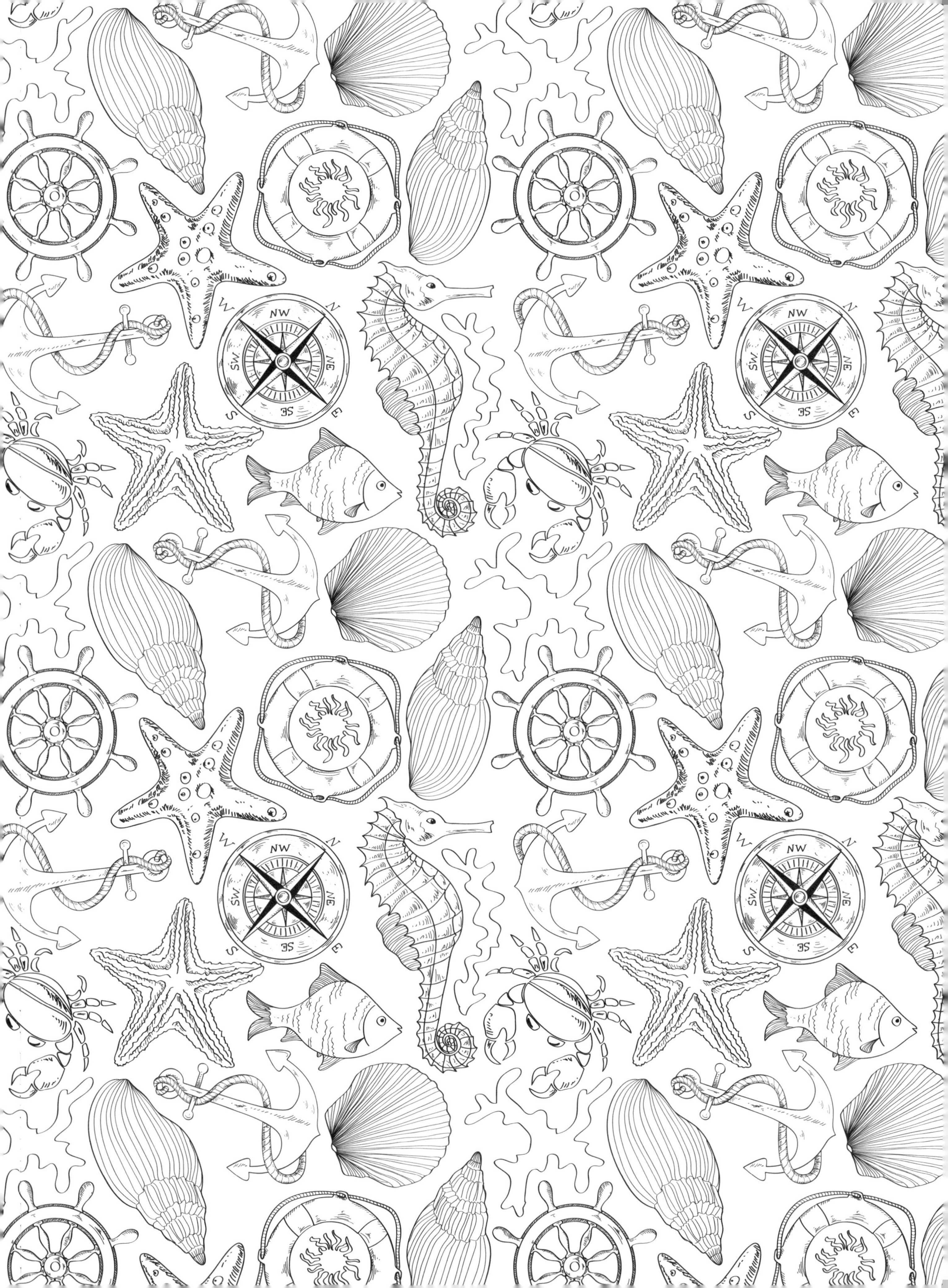
NW
NE
SW
SE

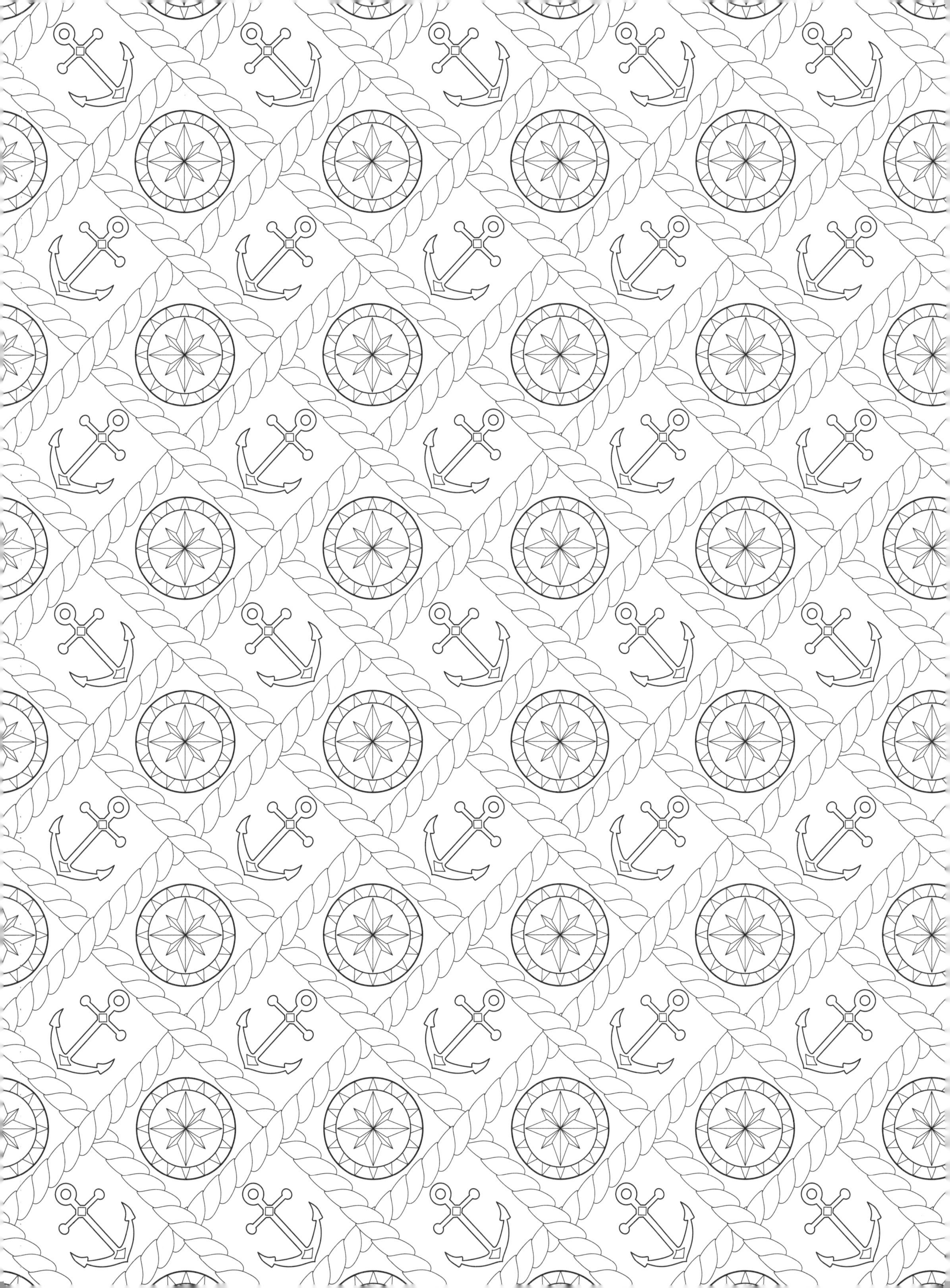

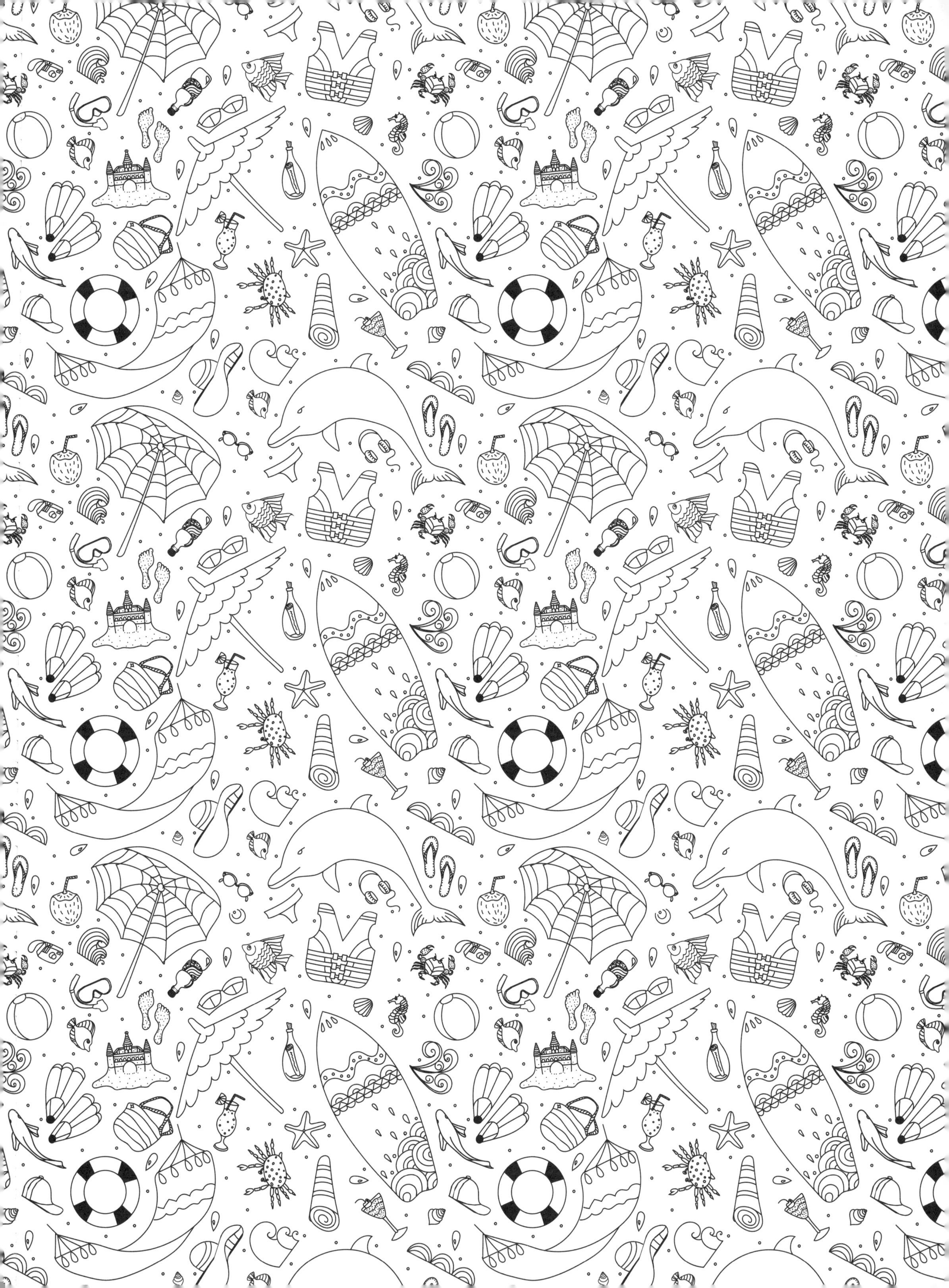

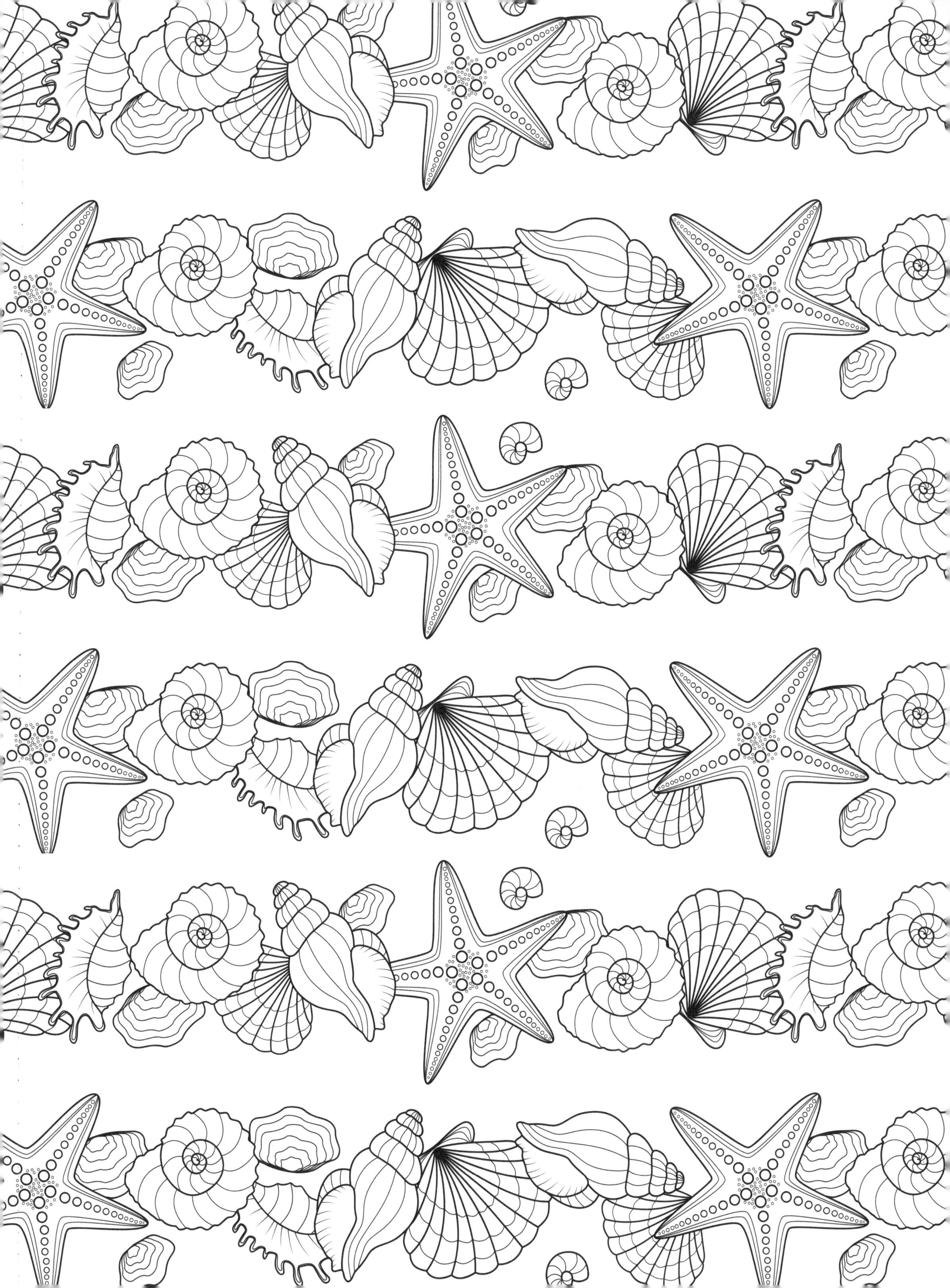

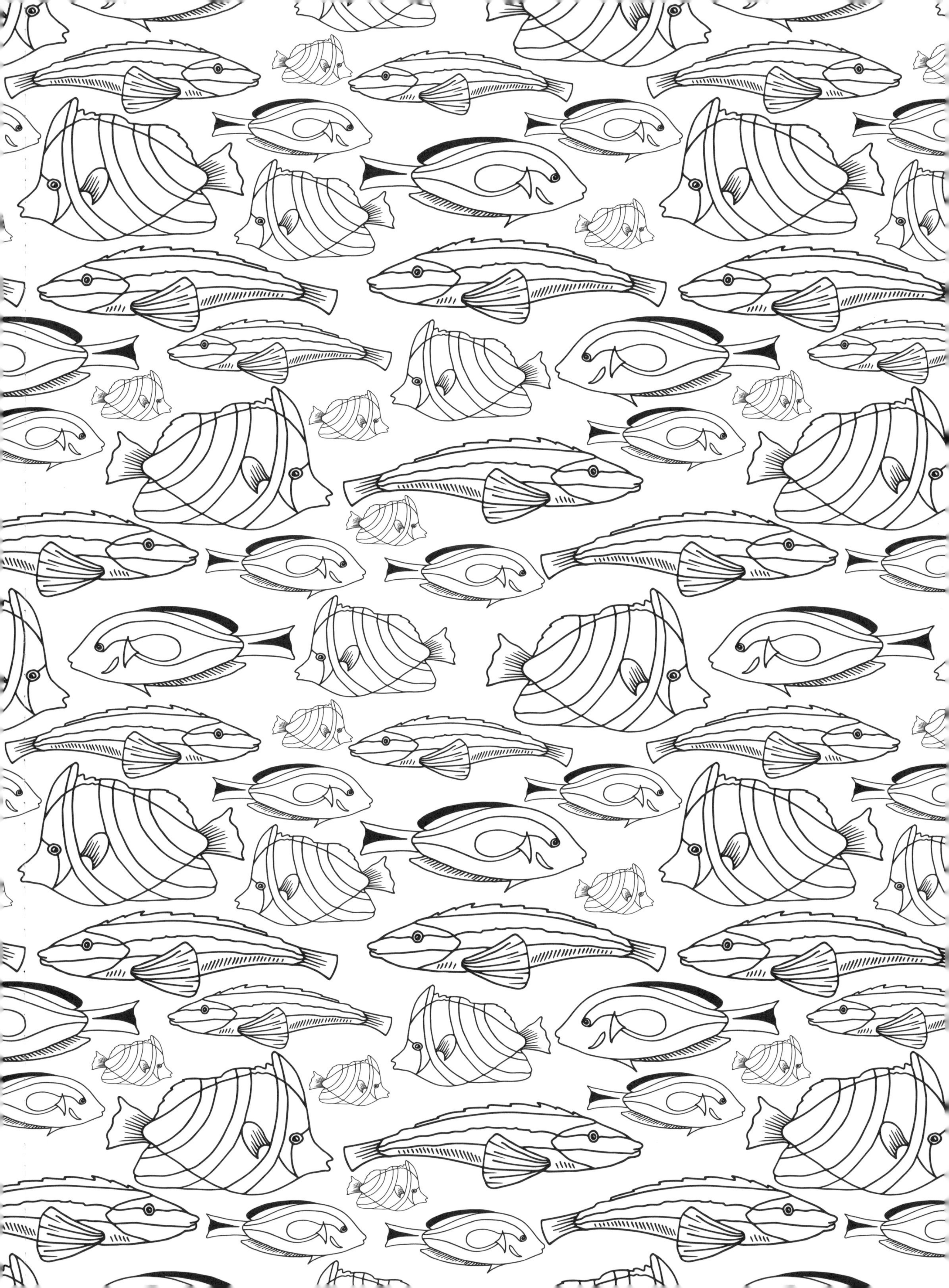

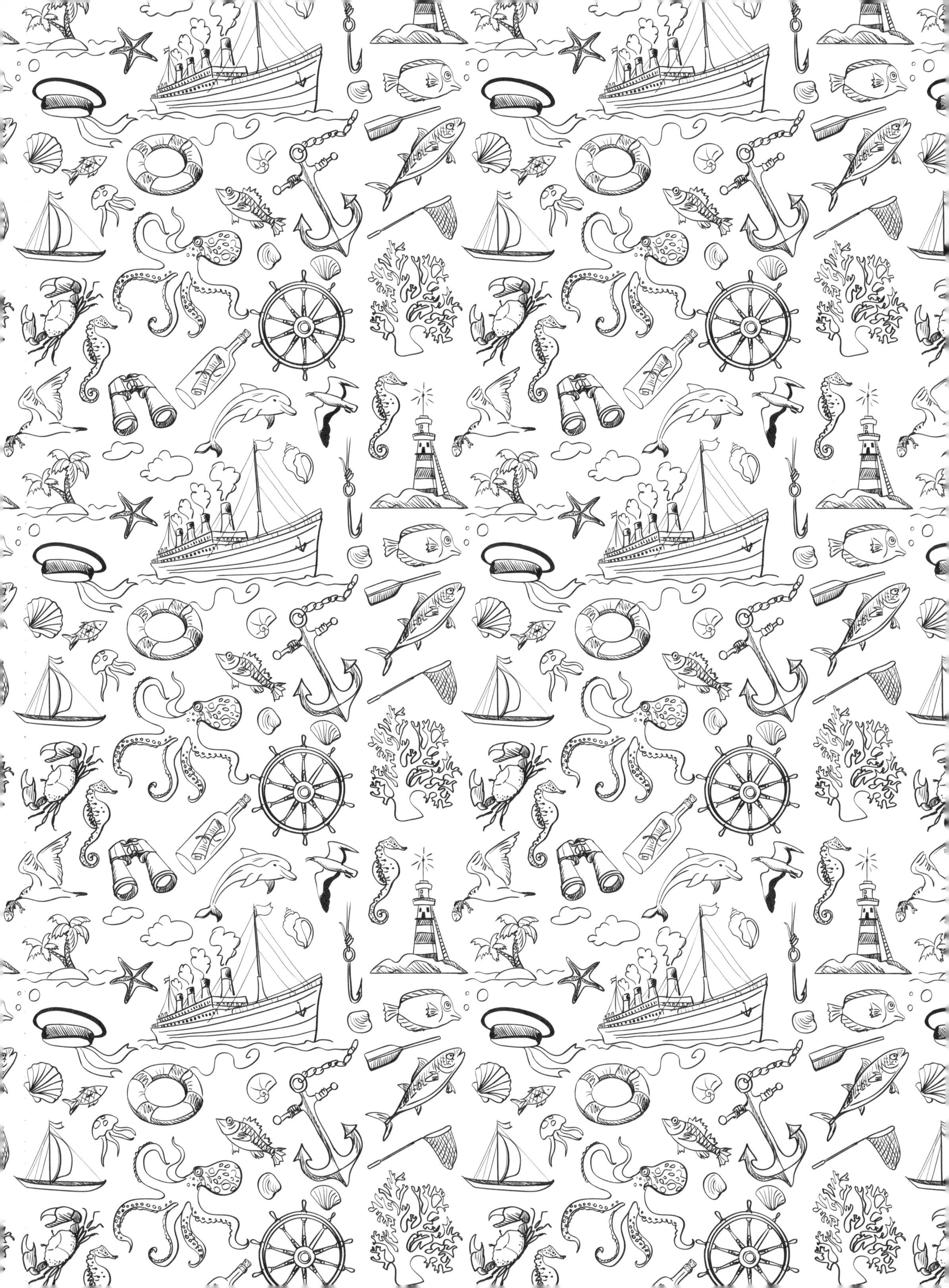

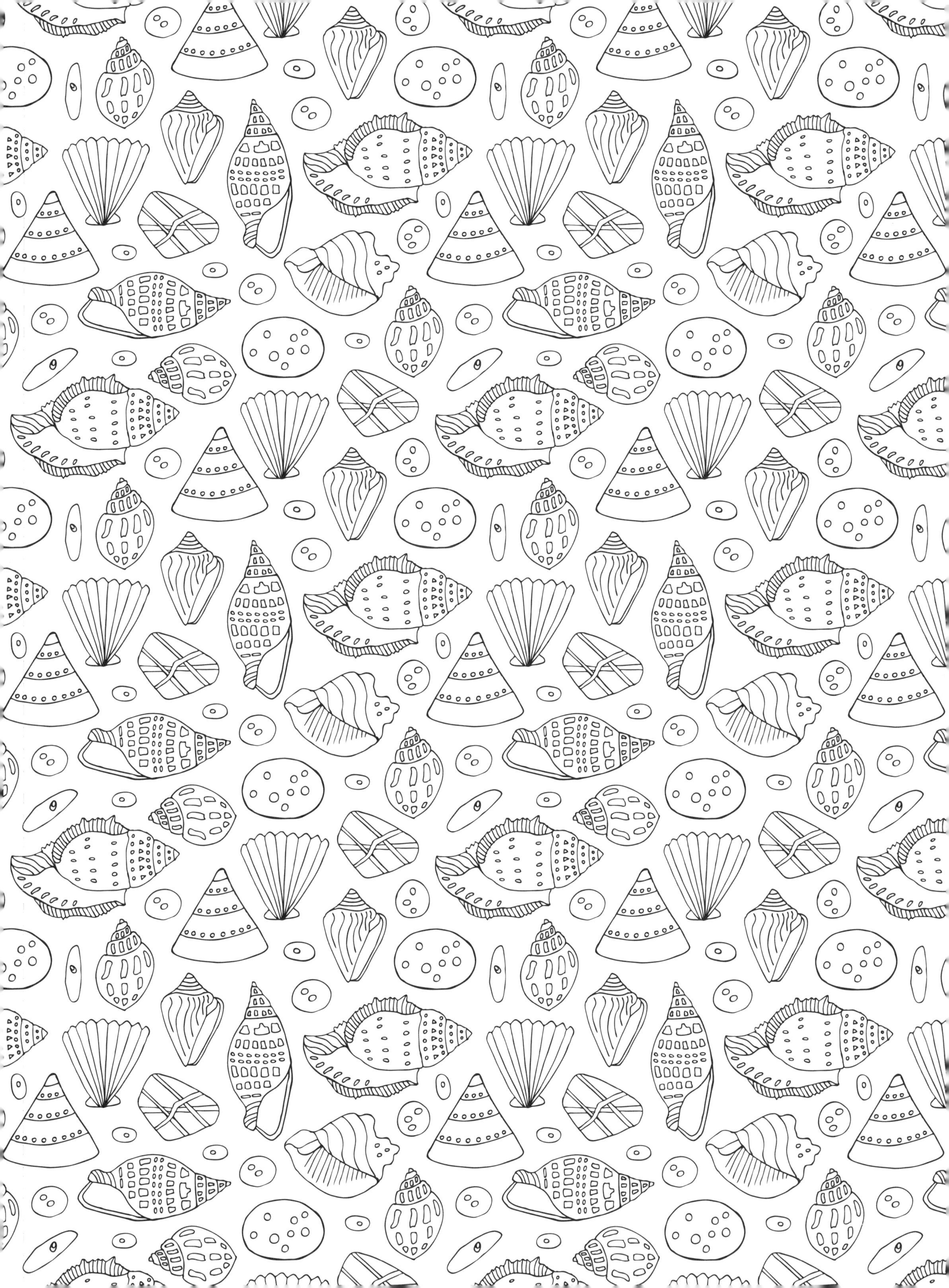

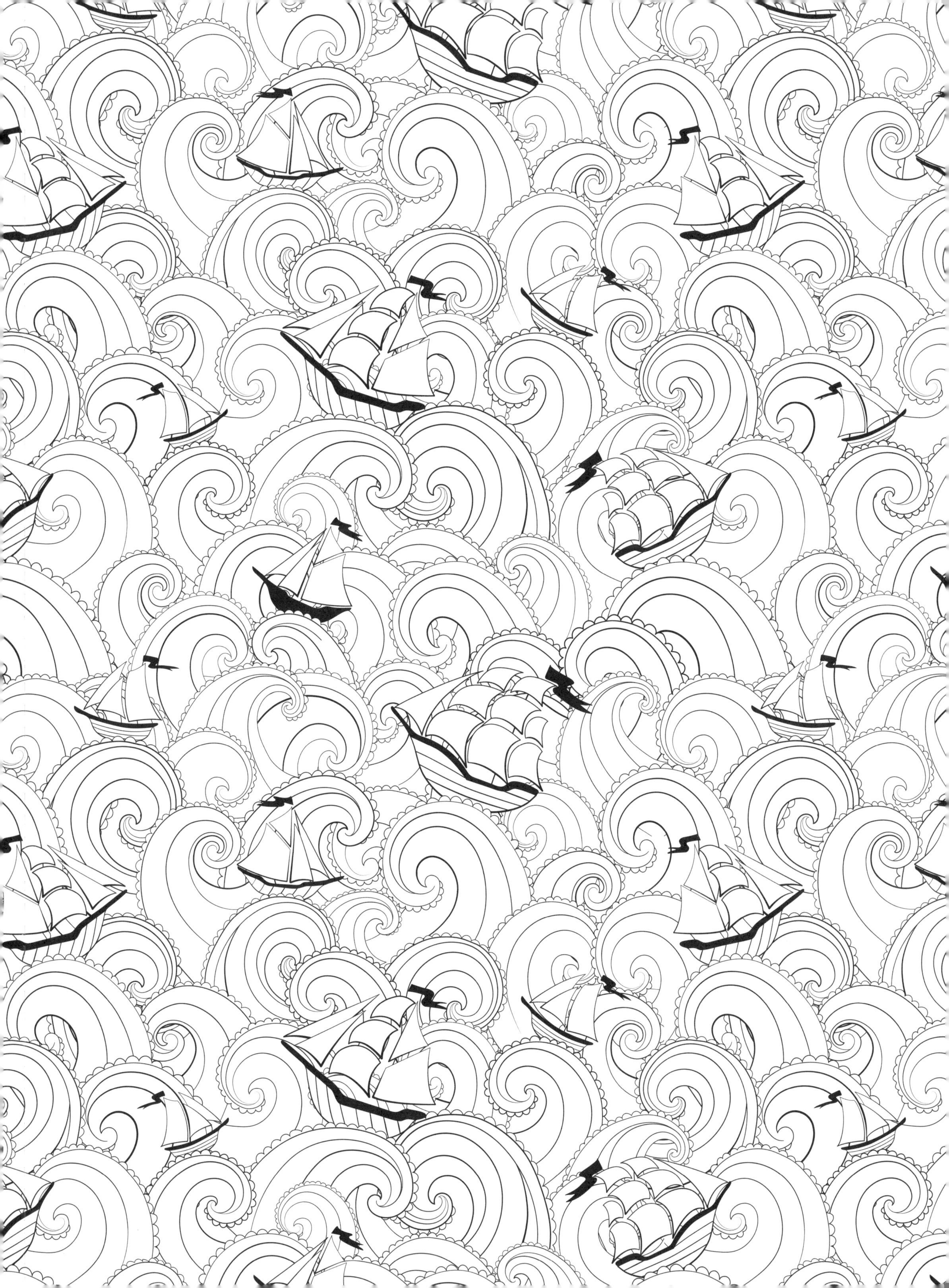

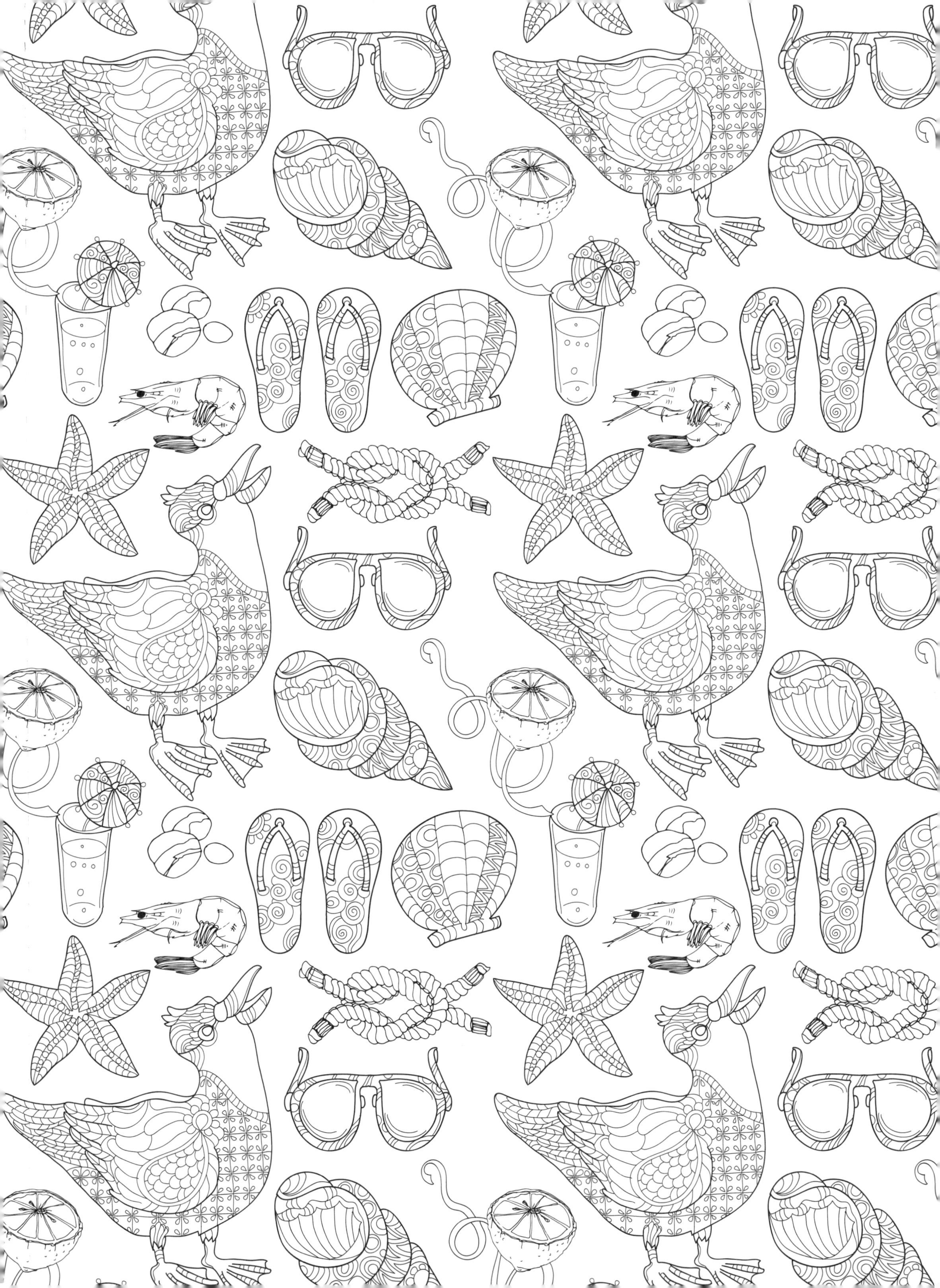

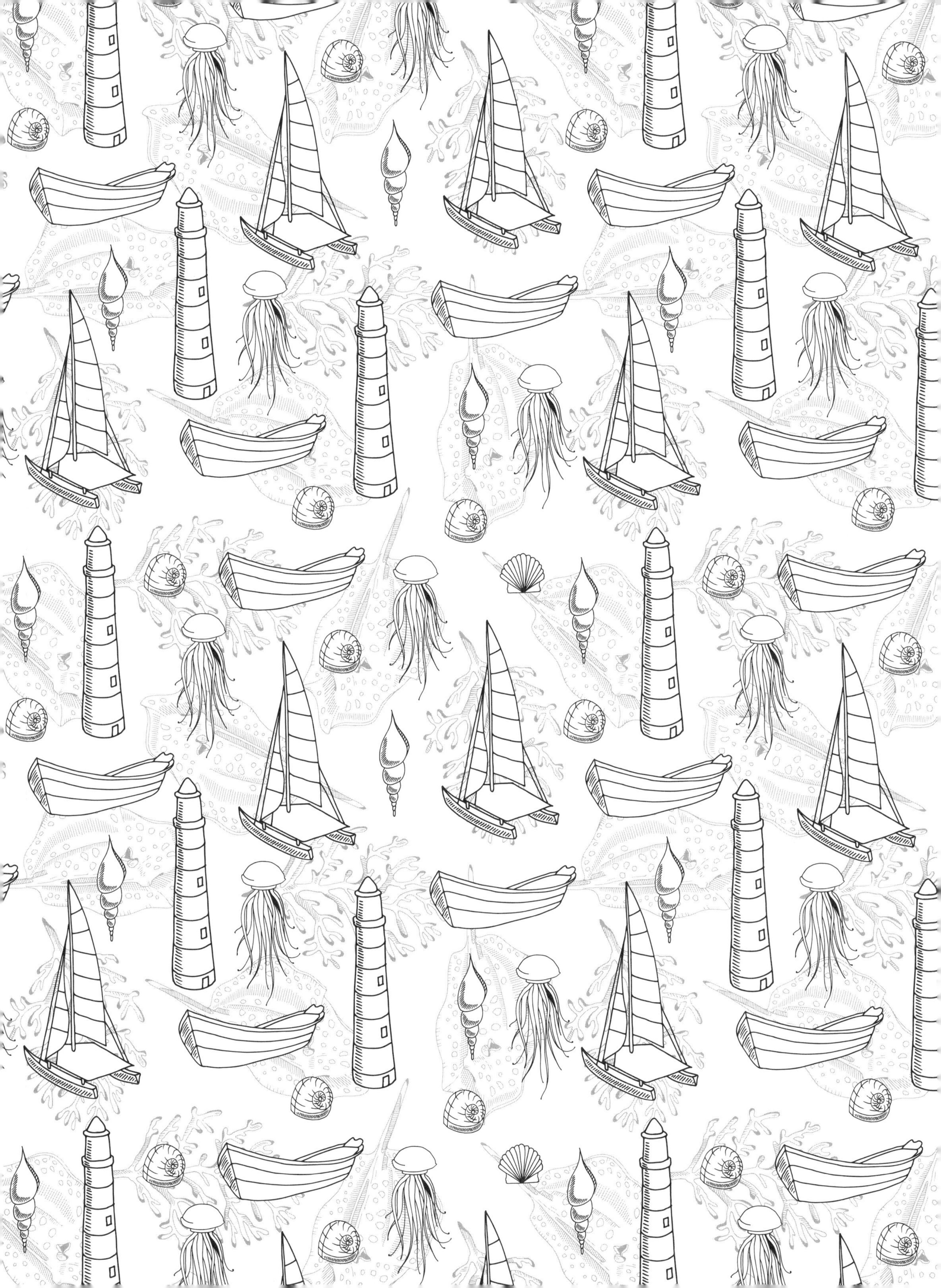

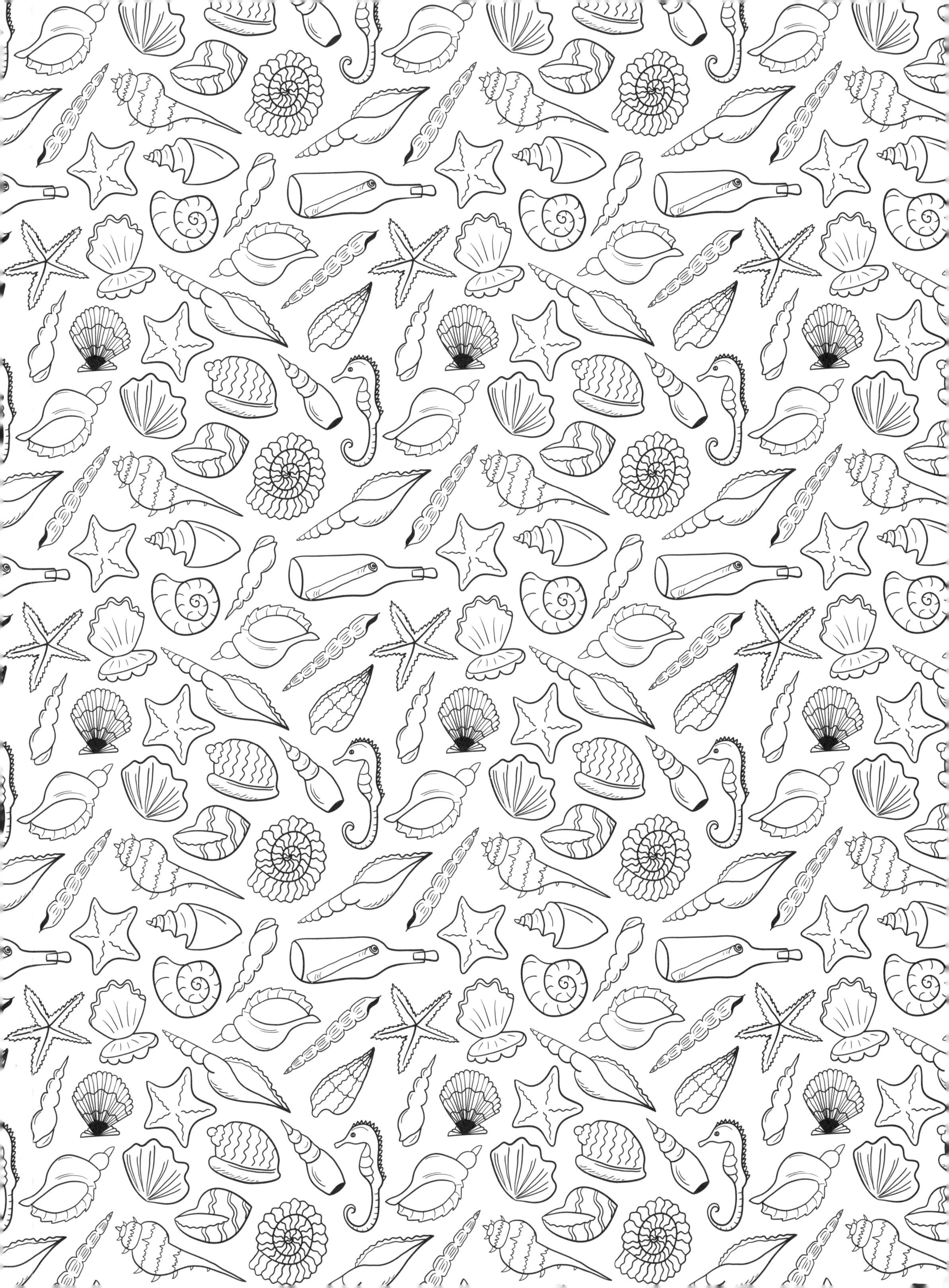

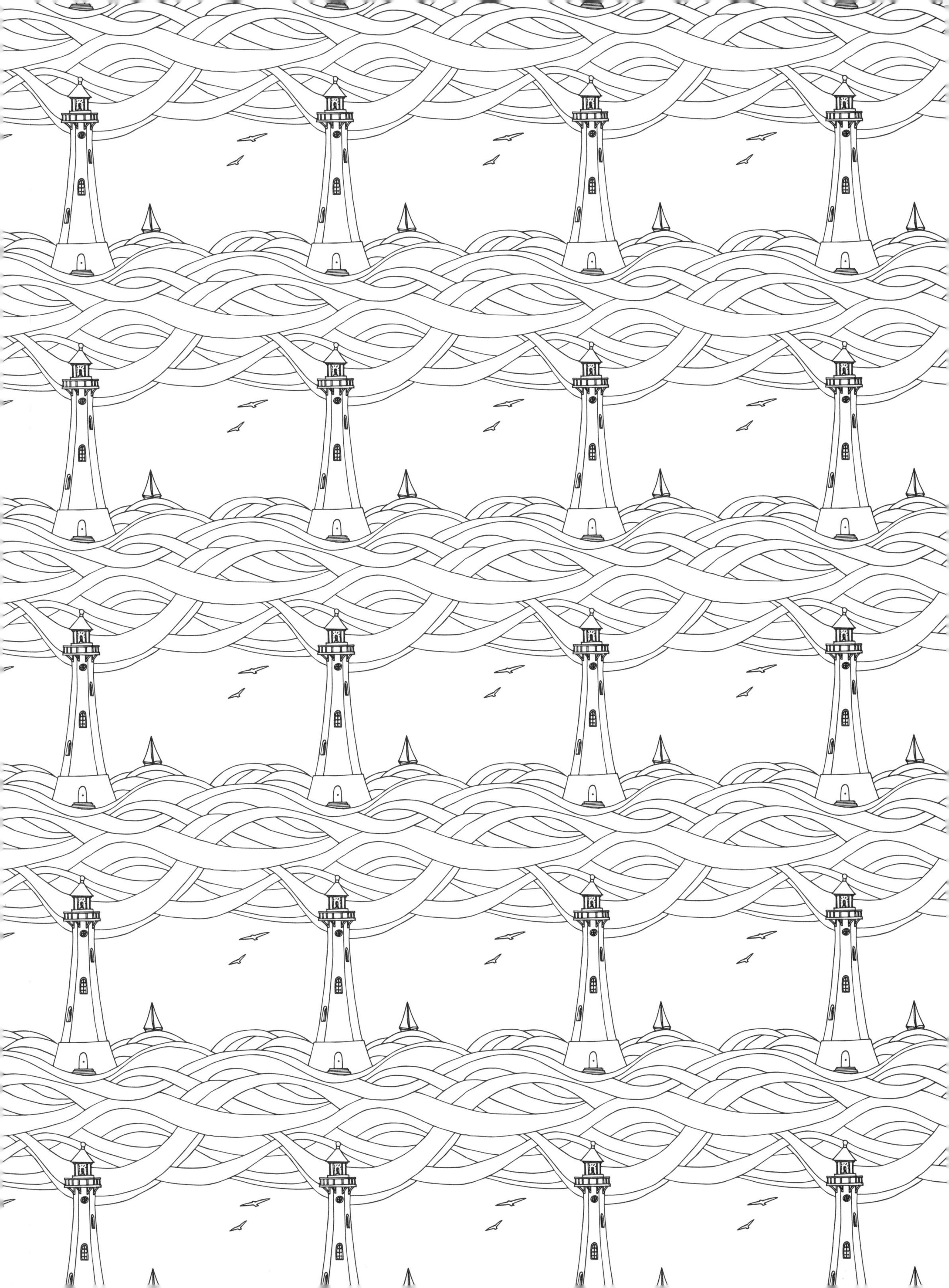

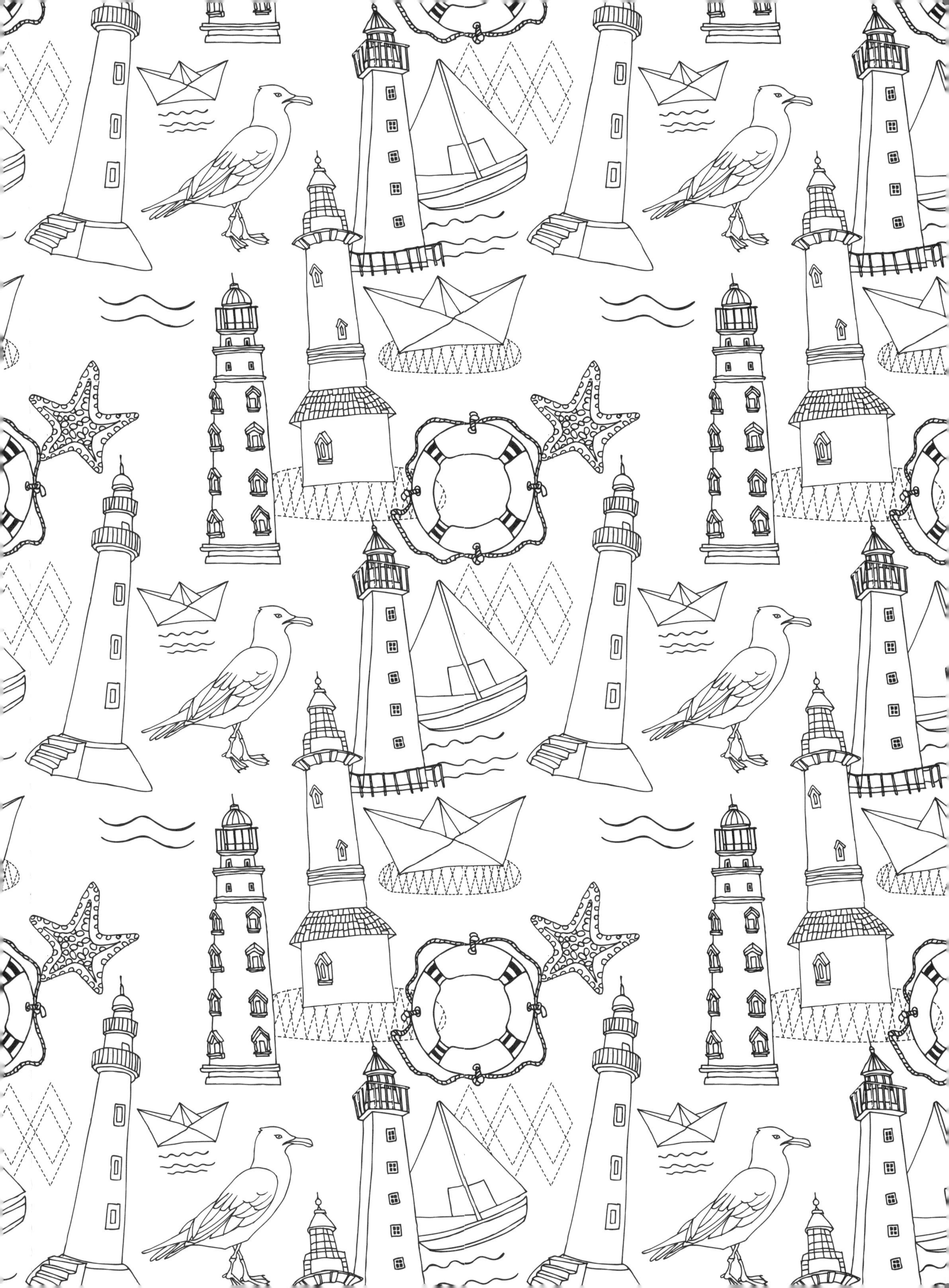

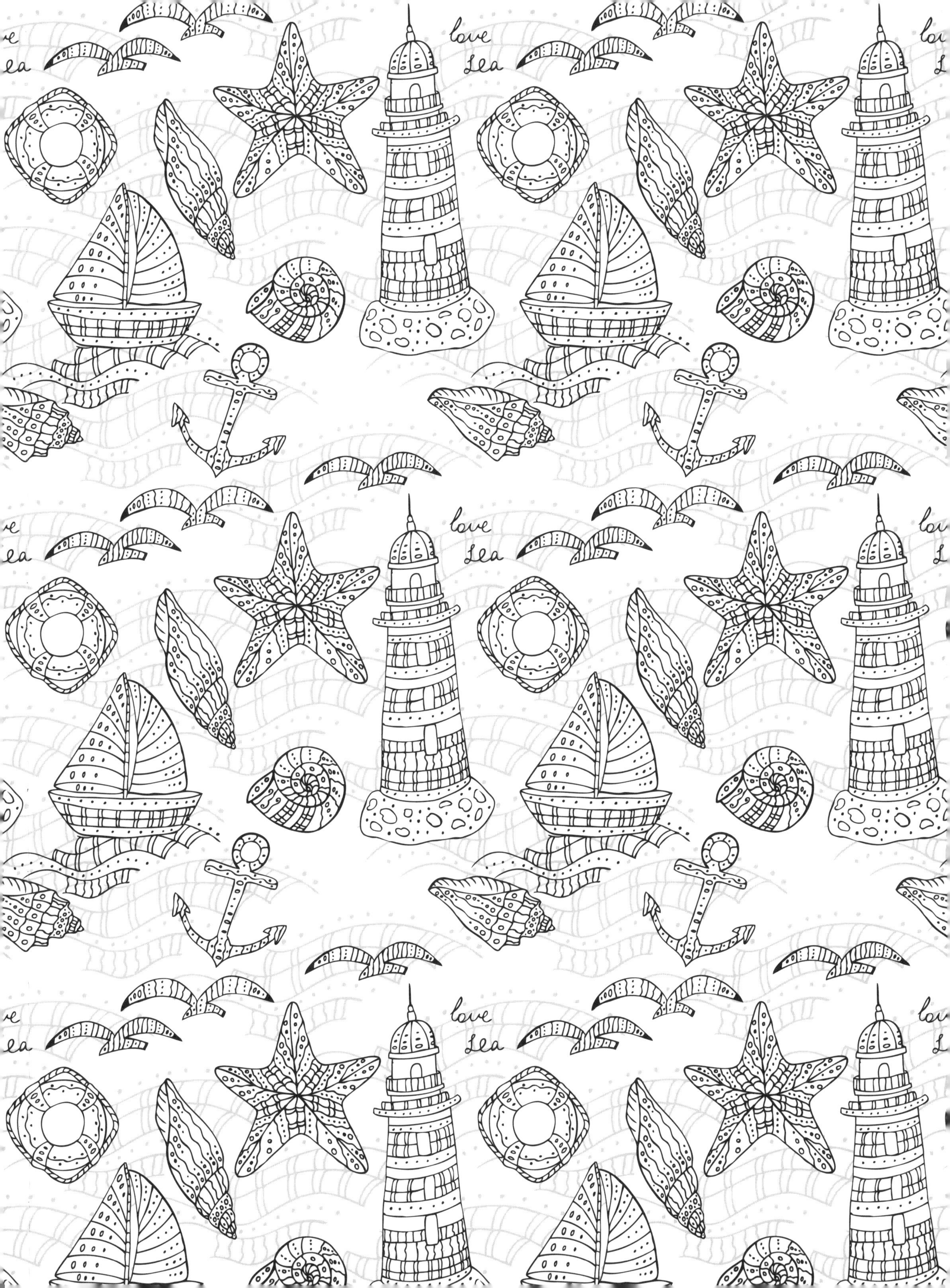
love
Sea

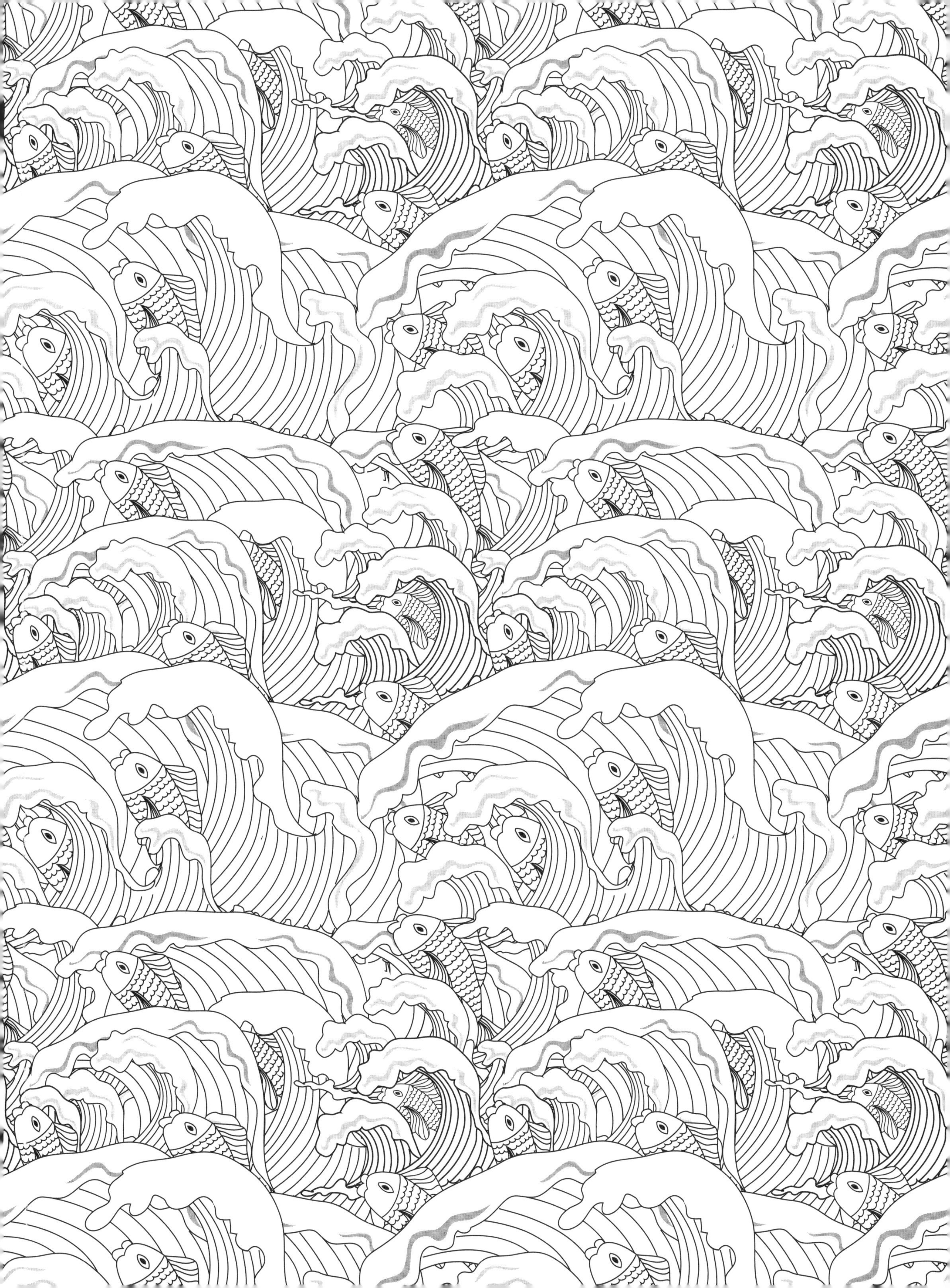

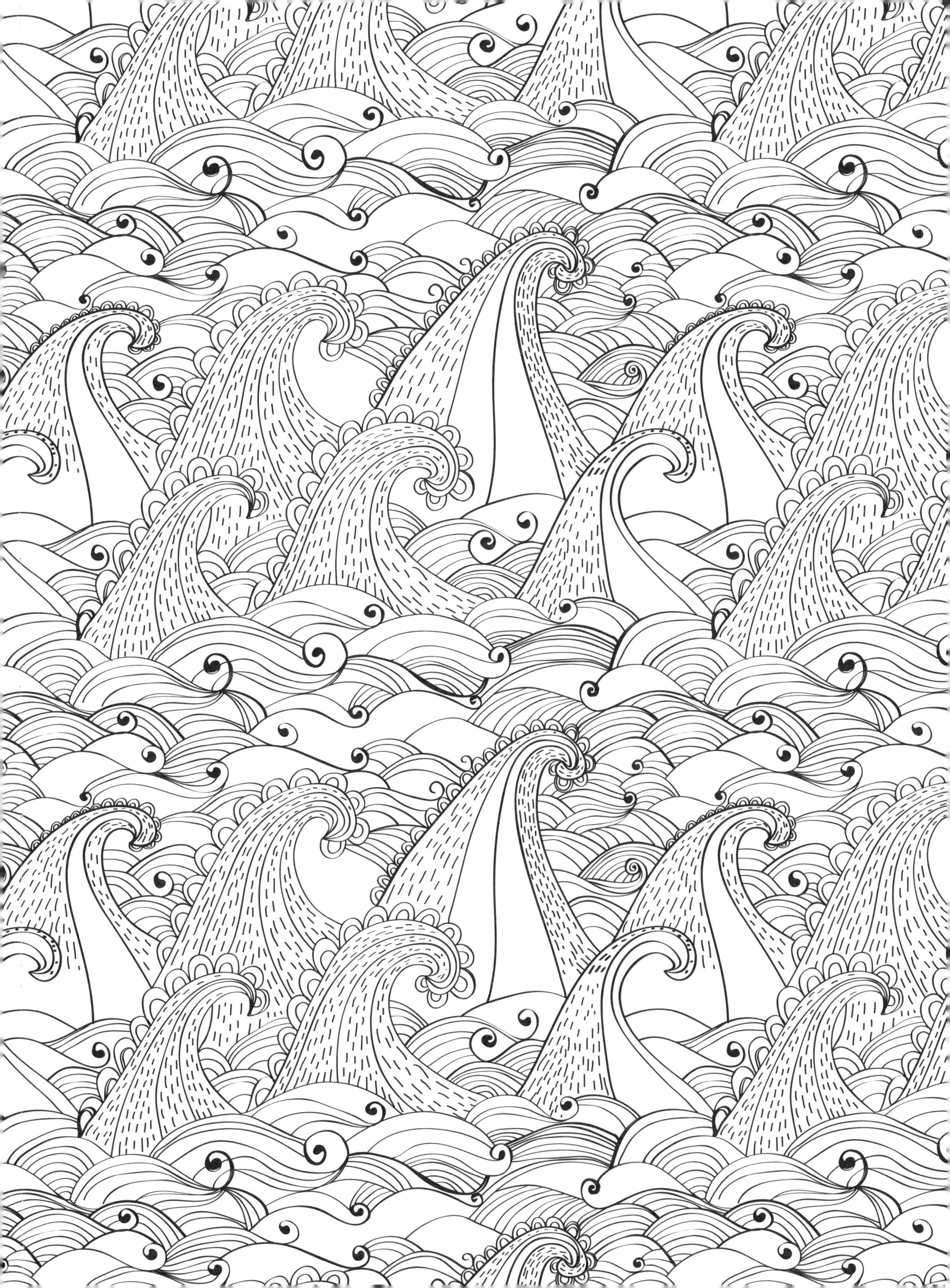

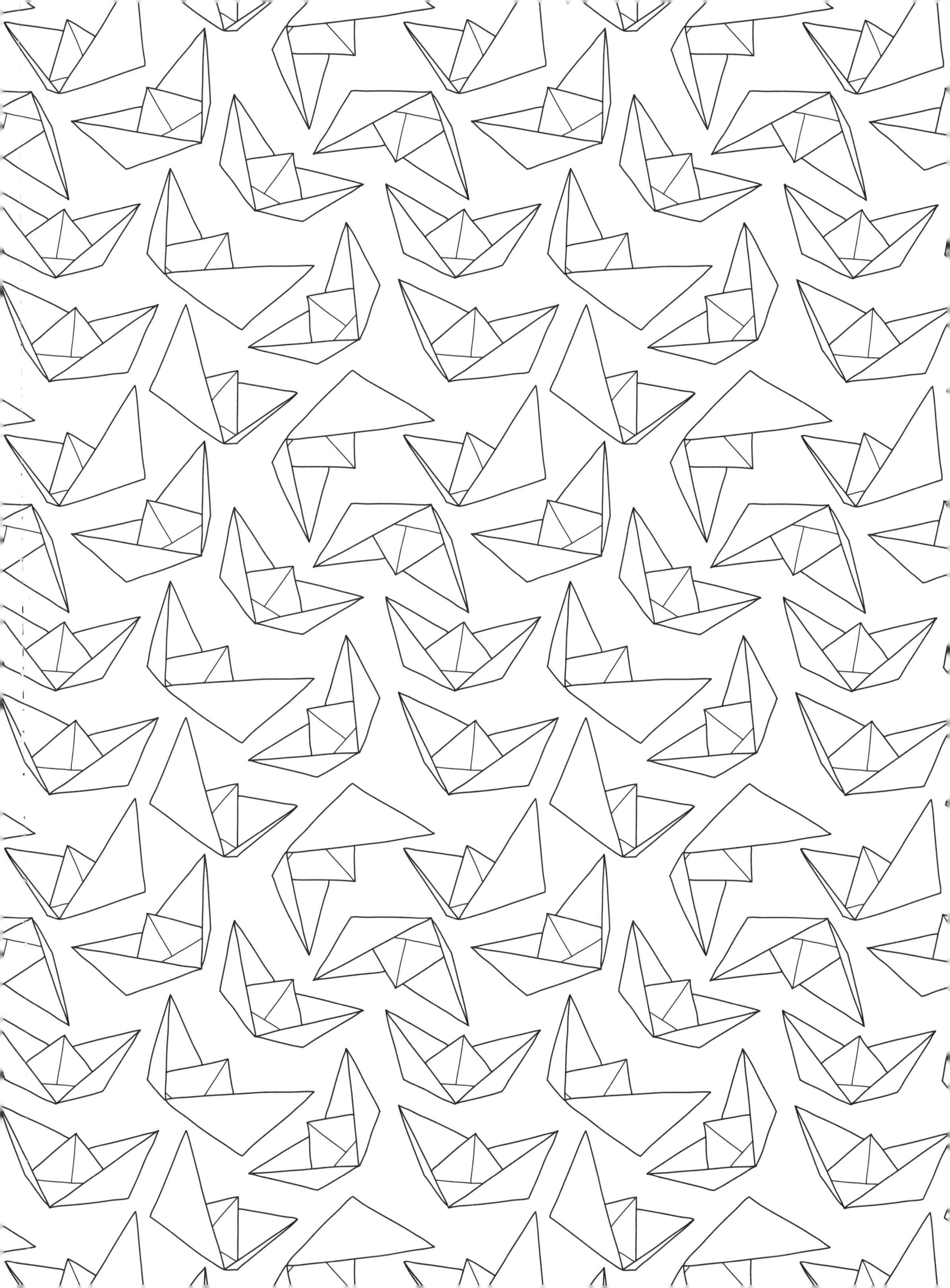

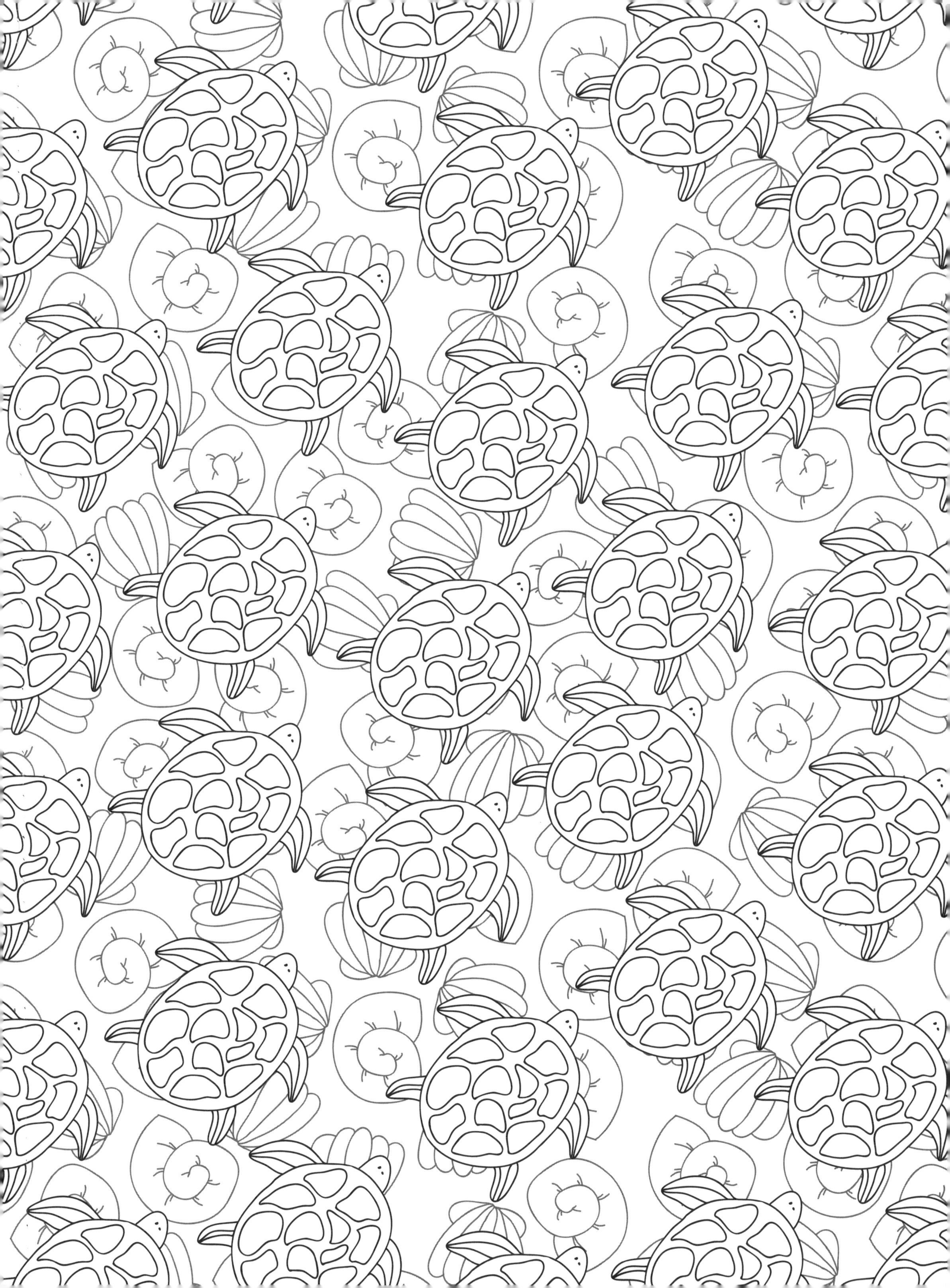

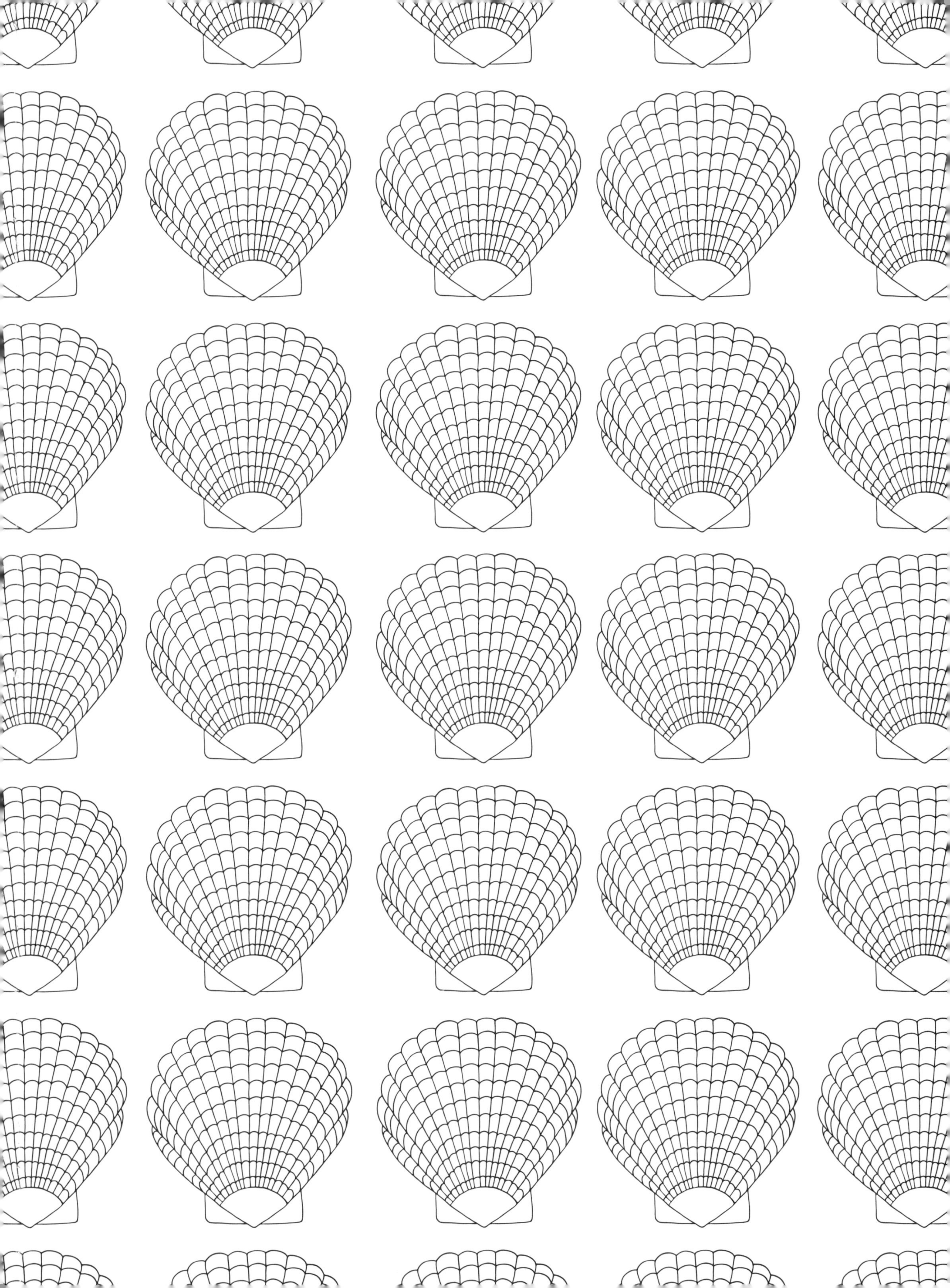

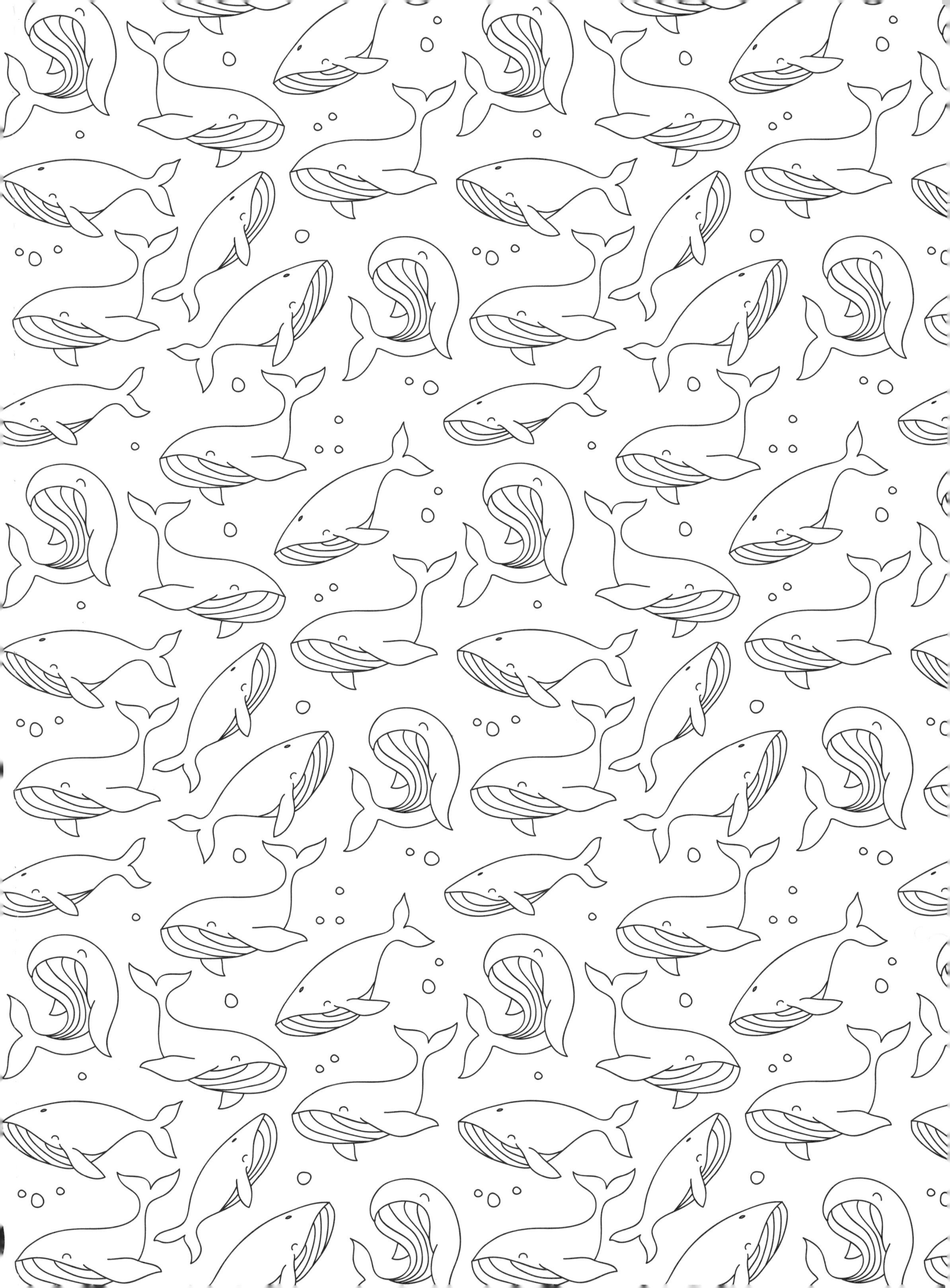

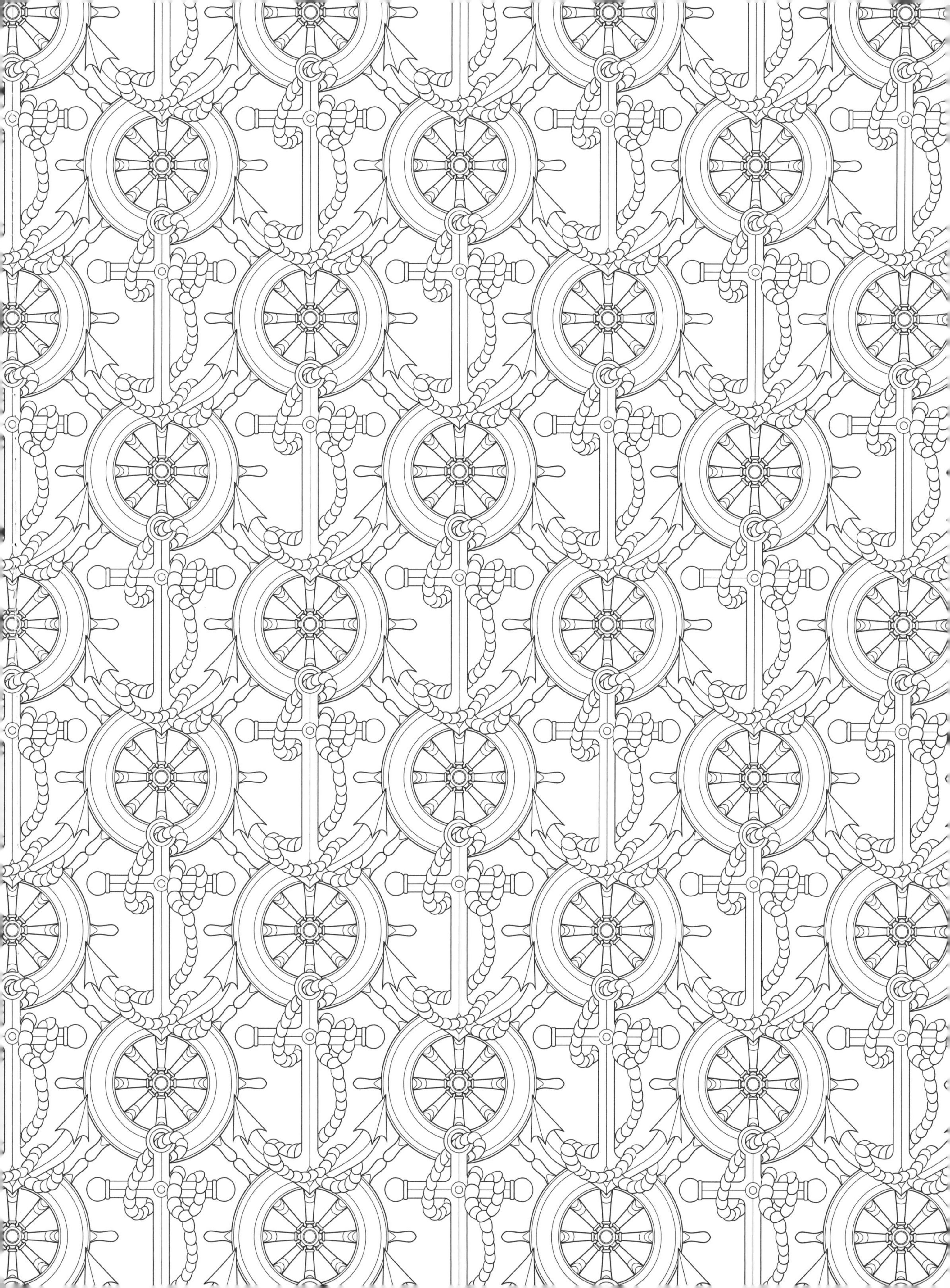

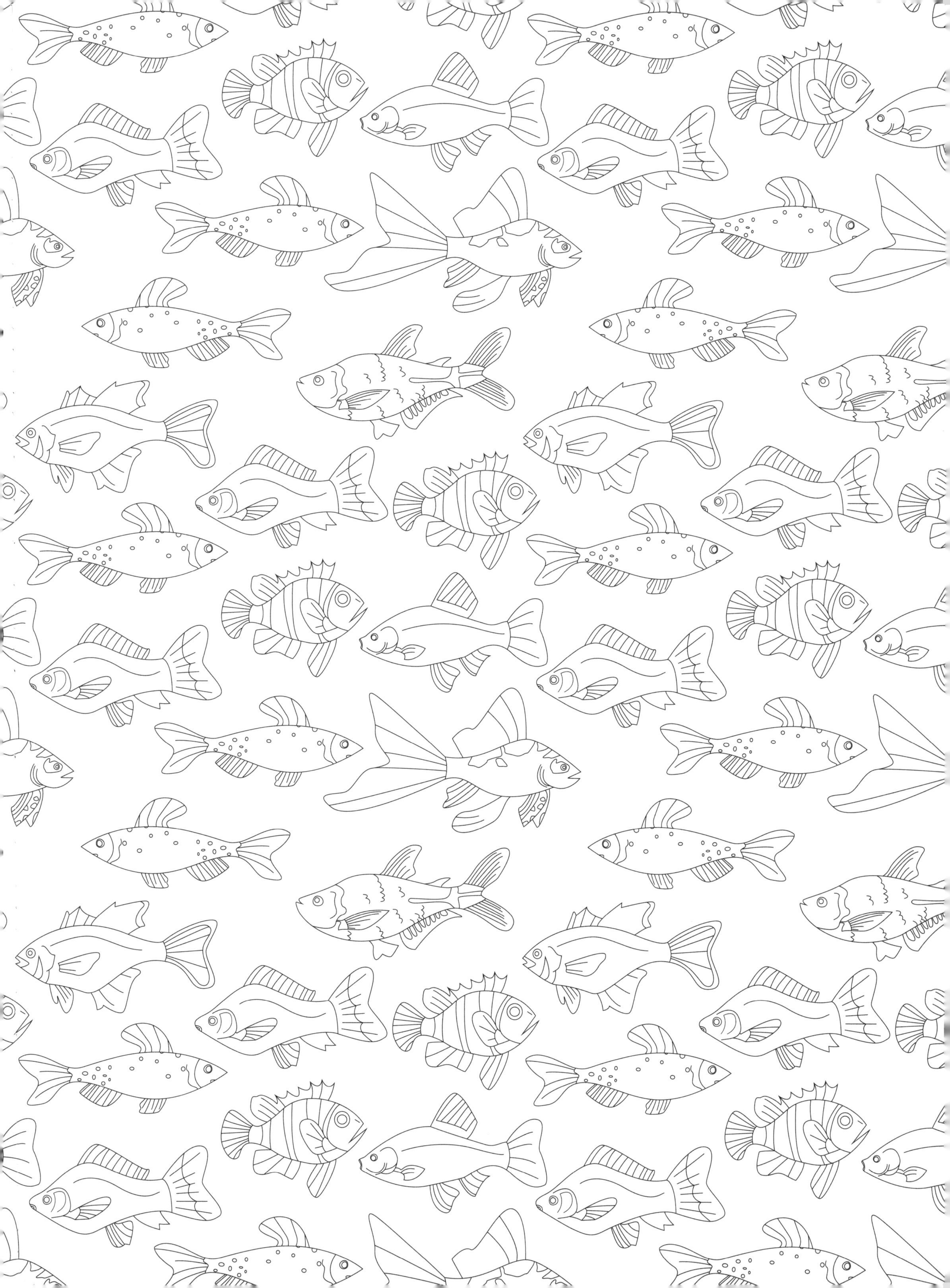